BEI GRIN MACHT SICH IHR WISSEN BEZAHLT

Bibliografische Information der Deutschen Nationalbibliothek:

Die Deutsche Bibliothek verzeichnet diese Publikation in der Deutschen National-
bibliografie; detaillierte bibliografische Daten sind im Internet über http://dnb.d-
nb.de/ abrufbar.

Impressum:

Copyright © 2015 GRIN Verlag, Open Publishing GmbH
Druck und Bindung: Books on Demand GmbH, Norderstedt Germany
ISBN: 978-3-668-04523-1

Dieses Buch bei GRIN:

http://www.grin.com/de/e-book/306542/musikalische-begabung-erlernbar-oder-
angeboren

Jens Brüggemann

Musikalische Begabung. Erlernbar oder angeboren?

GRIN Verlag

GRIN - Your knowledge has value

Der GRIN Verlag publiziert seit 1998 wissenschaftliche Arbeiten von Studenten, Hochschullehrern und anderen Akademikern als eBook und gedrucktes Buch. Die Verlagswebsite www.grin.com ist die ideale Plattform zur Veröffentlichung von Hausarbeiten, Abschlussarbeiten, wissenschaftlichen Aufsätzen, Dissertationen und Fachbüchern.

Besuchen Sie uns im Internet:

http://www.grin.com/

http://www.facebook.com/grincom

http://www.twitter.com/grin_com

Musikalische Begabung – erlernbar oder angeboren?

von

Jens Brüggemann

INHALTSVERZEICHNIS

1. EINLEITUNG

Wir nutzen täglich Begriffe wie „Begabung" oder in der Musik auch „Musikalität". Doch was wir damit meinen, wissen wir oft gar nicht. Wir sprechen von einer Begabung, wenn jemand eine überdurchschnittliche Leistung erbringt. Oder sprechen wir von einer Begabung, wenn jemand eine überdurchschnittliche Leistung erbringen *könnte*? Eine höhere Leistung kann durch mehr Lernen herbeigeführt werden. Doch in der Musik ist das anders? Oft wird davon gesprochen, dass der Musik etwas Angeborenes, eine natürliche Befähigung, vorrausgehe, welche nicht jeder habe.

Seit circa zehn Jahren gehört die Musik zu meinem Alltag. Durch steigendes Interesse bedingt, habe ich mittlerweile nahezu täglich mit Personen zu tun, denen eine „musikalische Begabung" zugesprochen wird. Oft frage ich mich, was die Hintergründe dieser „Begabungen" sind. Außerdem habe ich drei Trompetenschüler, bei denen sich mir immer wieder die Frage stellt, wie die zum Teil deutlichen Leistungsunterschiede zustande kommen.

Der Titel dieser Arbeit verrät dabei die hauptsächliche Ausgangsfrage: Ist eine musikalische Begabung erlernbar oder angeboren? Darüber hinaus beschäftige ich mich aber auch mit Faktoren, welche eine musikalische Begabung begünstigen. Denkbar wäre, dass eine musikalische Begabung entweder erlernbar *oder* angeboren sein kann, also beides möglich ist. Es gäbe also Fälle in denen eine musikalische Begabung angeboren ist, beispielsweise in Musikerfamilien, in denen die Kinder bereits im jungen Alter Instrumente auf relativ hohem Niveau spielen können. Andererseits sei es möglich ohne natürlicher Befähigung ein Instrument zu lernen, beispielsweise wenn in einer Grundschulklasse jeder Schüler lernt, Blockflöte zu spielen.

Wissenschaftlich konnte die „Begabung" als sehr abstrakter Begriff noch nicht eindeutig erklärt werden. Deshalb kann es sich im Folgenden nur um eine Annäherung an die Fragestellung handeln. Zunächst habe ich die Begabung und alle damit verbunden Begrifflichkeiten im Allgemeinen geklärt. Im Weiteren Schritt habe ich versucht die Musik als Bereich der Begabung abzugrenzen. Im letzten Schritt habe ich gezielt die Findung und Förderung musikalisch Begabter betrachtet, wodurch ich mich der Ausgangsfrage auf einem alternativen Weg angenähert habe. Wissenschaftlich gesehen ist die musikalische Begabung lediglich eine Art der Begabung, weshalb ich im genannten ersten Schritt Begabungsmodelle verschiedener Wissenschaftler vorstelle, auf die ich mich zuletzt wieder einordnend beziehe.

2. DER BEGRIFF DER BEGABUNG

2.1 DER VERSUCH EINER DEFINITION

Für die Begabung gibt es keine allgemein anerkannte oder allgemeingültige Definition. Verwunderlich ist dies, wenn man bedenkt, in welchem Maße die Wissenschaft sowie die breite Öffentlichkeit mit dem Thema *Begabung* beziehungsweise *Begabten* umgeht. Oft wird die Begabung als Synonym zu Intelligenz verwendet (Beispiel: Einer Person mit einem hohem Intelligenzquotienten wird oft eine Hochbegabung zugesprochen.)[1], wobei der Duden dort unterscheidet: Während Intelligenz als „Fähigkeit [des Menschen], abstrakt und vernünftig zu denken und daraus zweckvolles Handeln abzuleiten"[2] beschrieben wird, sei die Begabung die angeborene Befähigung zu bestimmten Leistungen oder eine natürliche Anlage. Außerdem sieht der Duden die Begabung als Synonym zum *Talent*[3], was einen deutlichen Widerspruch zu anderen Verständnissen von Begabung darstellt[4]. Die Intelligenz sei also etwas das jeder Mensch besitzt, während die Begabung oder das Talent eine *angeborene* Besonderheit unter den Menschen darstelle, welche jedoch nicht automatisch zu Leistungen (beispielsweise das Spielen eines Musik-instruments) führe. Demnach sei eine musikalische Begabung also auch angeboren und nicht erlernbar. Im Brockhaus wird die Begabung dagegen als „individuelle Möglichkeit zu bestimmten Leistungen"[5] beschrieben. Es wird also nicht behauptet, dass eine Begabung angeboren sei. Weiterhin besteht die Theorie, dass eine Begabung die Fähigkeit zum Lernen sei[6]

Wissenschaftlich gesehen gibt es viele verschiedene Begabungsmodelle, welche unterschiedliche Auffassungen von Begabung beinhalten. Allgemein ist die Begabung das Potential, oder sie beinhaltet dieses Potential, dazu, ungewöhnliche, hohe Leistungen zu erzielen. Dieses Potential wird zwar allgemein als individuell angesehen, doch einen Geltungsbereich gibt es nicht in jedem Begabungsmodell. So gibt es die Annahme, dass einem Menschen eine bestimmte, individuelle Menge an Begabung zukommt, welche

---

[1] Vgl. http://www.bildung-und-begabung.de/begabungslotse/informationen-fuer-lehrer-eltern-schueler/muetter-und-vaeter/was-ist-begabung, Völmicke, E., Was ist Begabung?, entnommen am 17.01.2015.
[2] http://www.duden.de/rechtschreibung/Intelligenz, entnommen am 17.01.2015.
[3] Vgl. http://www.duden.de/rechtschreibung/Begabung, entnommen am 17.01.2015.
[4] Vgl. http://www.hochbegabtenhilfe.de/Begabungsmodelle.html, Eckerle, T., „Modelle der Hochbegabung" - Systematisierung von Randbedingungen für die resultierende Leistungsfähigkeit, entnommen am 17.01.2015.
[5] Brockhaus A – Z Wissen, Band 1 A – BLAK, Gütersloh 2010, S. 617.
[6] Vgl. Kraemer, R., Musikpädagogik, eine Einführung in das Studium, Augsburg 2004, S. 302.

keinem Bereich zugeordnet werden könne[7]. Dem entgegen steht die weit verbreitetere Annahme, dass eine mögliche Begabung einem oder mehreren Bereichen zugeordnet werden könne. Ohne Zusatz ist letzteres Voraussetzung für eine rein musikalische Begabung.[8]

Einig sind sich alle Begabungsmodelle darin, dass eine Begabung abgestuft werden kann, eine mögliche Begabung also in einem individuellen Maße vorliegt. Teilweise existieren sogar Verfahren zur Messung der Begabung, meist mithilfe standardisierter Tests. So kann neben einer Begabung auch eine *Hochbegabung* oder gar eine *Höchstbegabung* vorliegen.[9]

2.2 BEGABUNGSMODELLE ALS WISSENSCHAFTLICHE HERANGEHENSWEISE

In der Wissenschaft wird oft mithilfe von Begabungsmodellen erklärt, was Begabung ist oder was die Begabung entscheidend unterstützt. Dabei wird eine musikalische Begabung nicht in einzelnen Modellen erklärt, sondern als Teil der Begabungsforschung verstanden, sodass die musikalische Begabung nur innerhalb einiger Modelle gesondert betrachtet wird. Teilweise wird vorausgesetzt, was eine Begabung ist und es wird lediglich geschildert, welche weiteren Faktoren gegeben sein müssen, damit sich eine entsprechende *Leistung* zeigt. Diese Art der Begabungsmodelle sehen eine Begabung als etwas angeborenes, beziehungsweise der Definition des Dudens entsprechend (siehe 2.1 - Versuch einer Definition). Das Drei-Ringe-Begabungsmodell von Joseph Renzulli, dessen Erweiterung von Franz J. Moenks und das Münchener Begabungsmodell von Kurt Heller zeigen dabei einerseits, dass die Entwickler durchaus Ähnlichkeiten bei ihren Auffassungen haben, andererseits jedoch, dass es deutliche Unterschiede gibt. Maßgebend ist hier auch die Problematik einer Definition.

---

[7] Anmerkung: Die Begabung wird hier als relativ angesehen; wenn diese bestimmte Menge an Begabung gering ist, wäre eine Begabung im eigentlichen Sinne nicht gegeben.
[8] Vgl. Eckerle, T.
[9] Vgl. Völmicke, E.,

5

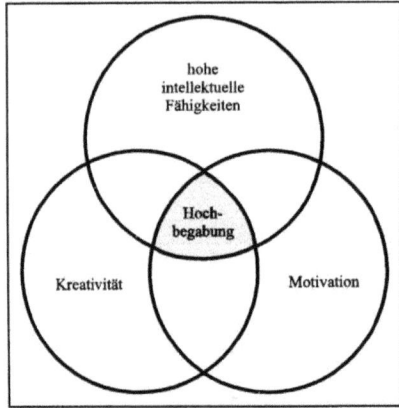

Abbildung 1: Das Drei-Ringe-Modell von Joseph Renzulli. Nach: http://cdn.grin.com/images/preview-file?document_id=141312&hash=007507b5c9dca7565 58b4d7671a4b6d9&file=OPS/Images/image003.jpg. Entnommen am 17.01.2015.

Das Drei-Ringe-Begabungsmodell von Renzulli (siehe Abbildung 1) besteht aus den drei Faktoren (den drei Ringen) *Kreativität, Motivation* und *intellektuelle Fähigkeiten*. Wo sich diese überlappen ist eine Begabung gegeben. Die dargestellte Überlappung soll eine Kombination, also ein Zusammenwirken der jeweiligen Faktoren, deskribieren. Thematisch lässt sich dieses Modell nicht betrachten, da die intellektuellen Fähigkeiten allgemein definiert sind. Das Modell betrachtet eine musikalische Begabung oder musikalische Fähigkeiten also nicht einzeln. Zu dem Bereich der Kreativität gehören Faktoren wie Originalität, Phantasie, Flexibilität oder das divergente Denken („Querdenken"). Nach einigen Darstellungen des Drei-Ringe-Modells gehört zu dem Bereich der Motivation auch die Umwelt. Faktoren wie Fleiß, Ausdauer, Ehrgeiz, emotionale Stabilität, die Anerkennung der Umgebung oder auch eine optimale Förderung sind hier entscheidend.[10]

Die bereits dargestellte Problematik der Definition von Begabung kommt auch hier zum Tragen. In anderen Darstellungen des Renzulli-Modells wird statt *intellektuelle Fähigkeiten* (siehe Abbildung 1) der Begriff *Begabung* verwendet. Das Ergebnis wird dann als *Leistung* oder auch als *Talent* bezeichnet, wobei hier zwischen Talent und Begabung unterschieden wird.

---

[10] Vgl. Eckerle, T.

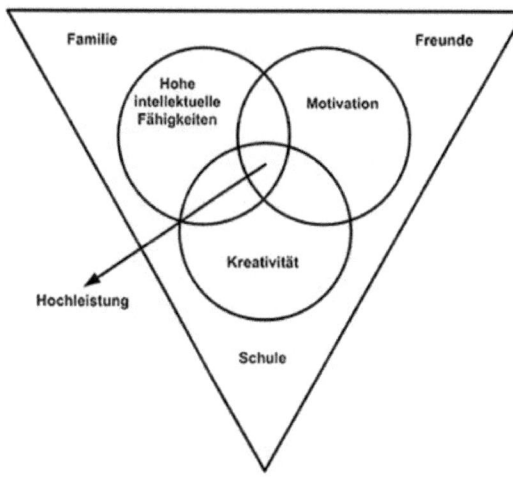

Franz J. Moenks entwickelte das triadische Interdependenzmodell[11], eine Erweiterung des Drei-Ringe-Modells (siehe Abbildung 2), speziell für Schüler. Er geht davon aus, dass sich eine Leistung nur zeigt, wenn neben den Faktoren des Drei-Ringe-Modells die äußeren Einflussgrößen Familie, Freunde und Schule, also Merkmale der Umwelt mitwirken.

Abbildung 2: Franz J. Moenks Erweiterung des Drei-Ringe-Modells. Nach: http://www.epr.ch/bre/begabung/informationen_zum_thema/index .html. Entnommen am 17.01.2015.

Die Begabung wird also als Produkt einer dynamischen Korrelation zwischen persönlichen Anlagen, also etwas Angeborenes, und dem Einfluss der sozialen Umwelt verstanden.[12]

2.2.3 DAS MÜNCHENER BEGABUNGSMODELL

Der entscheidende Unterschied von dem Münchener Begabungsmodell von Heller (siehe Abbildung 3) im Vergleich zu dem Drei-Ringe-Modell beziehungsweise der Erweiterung von Moenks liegt darin, dass keine allgemeinen intellektuellen Fähigkeiten, sondern individuelle Begabungsfaktoren als Prädikatoren fungieren. So wird eine mathematische Begabung beispielsweise von einer sprachlichen Begabung unterschieden. Die musikalische Begabung, beziehungsweise die Musikalität, ist dabei ein gesonderter Faktor. Zur Umsetzung in eine entsprechende Leistung werden nichtkognitive Persönlichkeitsmerkmale sowie Umwelteinflüsse als Moderatoren angenommen. Zu den nichtkognitiven Persönlichkeitsmerkmalen gehören beispielsweise Motivation, Ängste

---

[11] Triadisch (lat.) – die Dreiheit betreffend; Interdependenz – gegenseitige Abhängigkeit.
[12] Vgl. http://www.epr.ch/bre/begabung/informationen_zum_thema/index.html, Brunner, E. Begabungs- und Leistungsmodelle, entnommen am 17.01.2015.

oder Lernstrategien. Zu den Umwelteinflüssen gehören Förderungsmaßnahmen, die Familie oder auch die Schule. Beide Moderatoren stehen in einer Wechselwirkung mit den Prädikatoren, also den Begabungsfaktoren, sie beeinflussen sich also gegenseitig. Die Begabungsfaktoren sowie die beiden Einflussbereiche zusammen führen zu einer Leistung, welche sich in verschiedenen Bereichen individuell äußern kann. So auch eine Leistung im Bereich der Musik. Eine musikalische Begabung wird hier als natürliche Anlage verstanden, wobei die Leistung im Bereich Musik von weiteren Faktoren abhängt.[13]

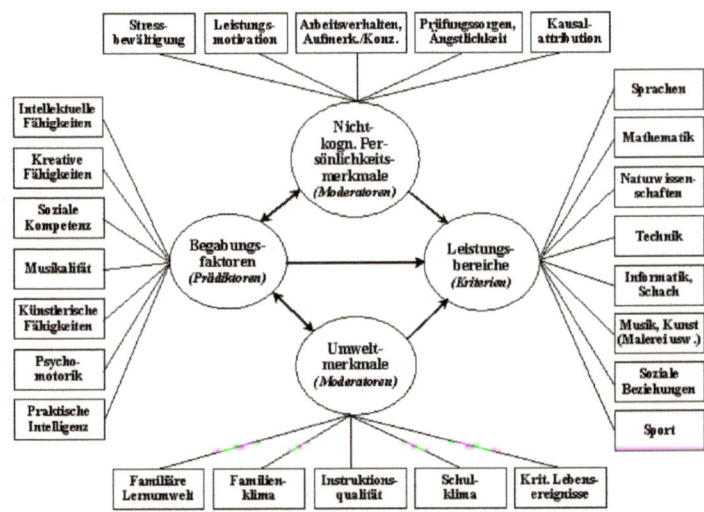

Abbildung 3: Das Münchner Hochbegabungsmodell von Heller. Nach: Heller, K., Talentförderung - Expertise - Leistungsexzellenz, Band 2, Münster 2008, S. 67.

3. DIE BEGABUNG IM BEREICH MUSIK

3.1 ALLTAGSTHEORETISCHE ERKLÄRUNGEN

Während die Musikalität oder die musikalische Begabung wissenschaftlich nur eine Art der Begabung ist, welche gegenüber anderen Formen der Begabung keinen besonderen Stellenwert hat, wird Sie im Alltag meistens gesondert betrachtet. So entstehen zahlreiche unterschiedliche Auffassungen wie sich eine musikalische Begabung äußert. Aus

---

[13]Vgl. Heller, K., Talentförderung - Expertise - Leistungsexzellenz, Band 2, Münster 2008, S. 67.

gezeigten Leistungen wie das Singen, das Instrumentalspiel, das Improvisieren oder das Hören wird eine musikalische Begabung ebenso geschlossen, wie diese Eigenschaften als Voraussetzung für eine musikalische Begabung gelten. Schwierigkeiten bei der Einschätzung einer musikalischen Begabung ergeben sich also einerseits aus den verschiedenen Bereichen. Eine musikalische Begabung könne sich sowohl aktiv, als auch passiv äußern, eine Person die gerne Konzerte hört, jedoch nicht selbst musiziert, sei also ebenso musikalisch wie eine Person, die gerne Konzerte spielt (und dazu auch in der Lage ist), jedoch nicht gerne andere Konzerte besucht. Andererseits ergeben sich Schwierigkeiten durch die unterschiedlichen Ausprägungsgrade. Deshalb ist der Musikalitätsbegriff kulturabhängig.

Durch weitere alltagstheoretische Erklärungen zur Musikalität entstehen pädagogische Probleme: Circa 75% der Eltern von Schulkindern sind davon überzeugt, dass eine musikalische Begabung angeboren sei, eine Förderung also aussichtslos sei. Schlechte Noten werden so einer fehlenden Begabung zugesprochen. In den sprachlichen oder mathematisch-naturwissenschaftlichen Fächern dagegen wird das Erreichen des Klassenziels oft als für alle möglich angesehen. Außerdem wird die Musikalität oft verallgemeinert. Wer beispielsweise intonationsrein singen kann, habe auch die Begabung, Klavier zu spielen. Teilfähigkeiten werden also dazu genutzt auf andere Bereiche der Musikalität zu schließen.[14]

3.2 ANGEBOREN GLEICH VERERBT?

Eng verbunden mit der Annahme, dass eine musikalische Begabung angeboren sei, ist die Annahme dass diese vererbt wurde. Es stellt sich also die Frage ob eine musikalische Begabung aus der Begabung der Vorfahren hervorgeht oder die Begabung zwar angeboren ist, aber nicht aufgrund einer vorhergehenden Begabung der Vorfahren existiert. Auch diese Frage wurde bisher nicht wissenschaftlich geklärt und ist somit umstritten. Belegt wird die Theorie der vererbten Musikalität mithilfe der Stammbaumforschung, berühmtestes Beispiel ist hier die Bach-Familie (siehe Abbildung 4), welche in sieben Generationen über 60 Musiker und Komponisten hervorbrachte. Gegen die Theorie spricht jedoch, dass die entsprechenden Stammbäume, so auch der dargestellte Stammbaum der Familie Bach, nur musikalisch tätige Personen aufführen.

---

[14] Vgl. Kraemer, R., S. 298 – 304.

Um einen vollständigen Eindruck zu erhalten, müssten jedoch alle Familienmitglieder einbezogen werden. Weiterhin waren Frauen musikalische Berufe verschlossen, weshalb diese nur äußerst selten Berücksichtigung fanden. Doch der wohl wichtigste Aspekt ist die sogenannte Zunftzugehörigkeit: Wer in einer Musikerfamilie aufwuchs, ergriff eher den Beruf des Musikers, als jemand der nicht aus einer Musikerfamilie stammt. Auf letztere Theorie ist auch die Anlage-Umwelt-Problematik zurückzuführen (siehe 3.3 Anlage-Umwelt-Problematik). Weiterhin stammt jeder Musiker oder Komponist, welcher die Bezugsperson in den Musiker-Stammbäumen darstellt, aus einer nicht musikalischen Familie. Der Komponist Leopold Mozart, der Vater des Wolfgang Amadeus Mozart, welcher oft als Musterbeispiel musikalischer Begabung gesehen wird, ist beispielsweise der Sohn eines Buchbinders.

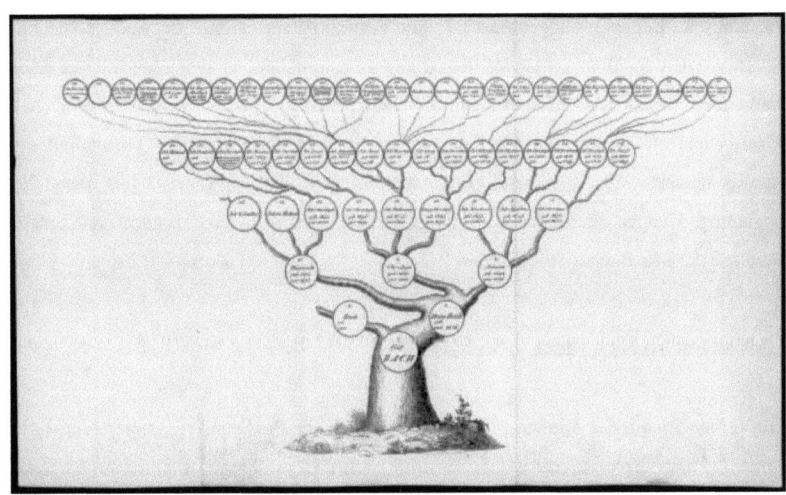

Abbildung 4: Stammbaum der Musikerfamilie Bach. Nach: http://edocs.ub.uni-frankfurt.de/volltexte/2003/7902738/. Entnommen am 07.02.2015.

„Das Bestmögliche Potenzial kann sich nur entfalten, wenn es eine angemessene Förderung erfährt."[15]

Die Anlage-Umwelt-Problematik beschäftigt sich damit, dass sich in der Musik ohne Förderung keine Leistung zeigen kann und somit nicht mehr zwischen Erlerntem und Veranlagtem unterschieden werden kann. So kann niemand ein Instrument spielen ohne dies zuvor gelernt zu haben. Der Theorie, dass Begabungen ohne optimaler Förderung verkümmern steht die Theorie gegenüber, dass ein „noch so günstiges Anregungsmilieu [...] keine Wundertaten vollbring[t]."[16] Um eine maximale Leistung im Bereich der Musik zu erzielen sei jahrelanges Üben notwendig. Besonders deutlich wird dies bei einem Konzert: Oft hören die Zuschauer begeistert zu, sind sich jedoch nicht darüber bewusst, dass der Aufführung weit mehr als die Zeit der Proben dieses Programms vorrausgehen. „Streng genommen sieht der Zuschauer lediglich ein Zehntausendstel der Anstrengung, die dem Musiker abverlangt worden ist"[17]. Da diese Anstrengungen weder sichtbar, noch zu erahnen sind, wird den entsprechenden Personen oft eine außergewöhnliche Begabung zugeschrieben. Jedoch kann man musikalische Höchstleistungen nicht nur auf die Beschäftigungsdauer zurückführen. Auch zielgerichtete Methoden, vermittelt durch qualifizierte Lehrer, sind wichtig und als Voraussetzung anzusehen. Weiterhin ist zu beachten, dass auch Persönlichkeitsmerkmale die Leistungsfähigkeit bestimmen.[18]

Die bereits dargestellten Begabungsmodelle setzen sich auch mit der Anlage-Umwelt-Problematik auseinander, indem sie die Umwelt als Bestandteil einer Begabung oder als begünstigenden Moderator ansehen (siehe 2.2 Begabungsmodelle als wissenschaftliche Herangehensweise).

4. FINDUNG UND FÖRDERUNG MUSIKALISCH BEGABTER

4.1 BEGRÜNDUNGEN DER BEGABTENFÖRDERUNG

Der Themenbereich der Förderung von musikalisch Begabten ist eng verbunden mit der Frage ob eine musikalische Begabung angeboren oder erlernbar ist, da die jeweilige Zielsetzung der Begabtenförderung Auskunft über die Hintergründe gibt. Wer eine Begabung fördern will, muss eine Vorstellung davon haben, was eine Begabung

---

15 Kraemer, R., S. 307.
16 Kraemer, R., S. 307. 17
Ebd.
18 Vgl. ebd., S. 306 – 308.

überhaupt ist und was diese begünstigt. Wenn man von der Förderung der Musik spricht, meint man damit oft gleichzeitig das Fördern musikalisch Begabter, da es die musikalisch Begabten sind, welche Musik praktizieren. Die Musik genießt auch hier eine Sonderstellung, da diese zu den wenigen Bereichen gehört, für die eine Förderung traditionell als Voraussetzung gilt. [19] Wenn die Förderung der Musik die Voraussetzung der Musik ist, ist das oberste Ziel wohl die Existenz der Musik.

Der wohl wichtigste Förderer der Musik in Deutschland ist der deutsche Staat, auch wenn die Förderung hier rein finanzieller Art ist. Die Bundesregierung äußert sich wie folgt:

> „Deutschland hat ein reiches musikalisches Erbe - und eine starke zeitgenössische Musikszene. Um die Pflege der Musik vom Barock bis zur Moderne zu fördern und um die aktuelle Szene von Neuer Musik bis Pop zu unterstützen, engagiert sich der Bund finanziell bei ausgewählten Einrichtungen, Organisationen und Projekten, die im In- und Ausland Bedeutung erlangt haben."[20]

Die deutsche Bundesregierung begründet die Förderung der Musik damit, dass die Musik eine wichtige Art der Kultur sei. Insbesondere die alte Musik wird als Kulturschatz angesehen, welchen es zu bewahren gelte, indem diese Musik gespielt wird und ein entsprechendes stilistisches Empfinden so nicht verloren geht. Die Förderung beschränkt sich jedoch auf eine indirekte finanzielle Förderung, der Staat fungiert also als Geldgeber von Einrichtungen, Organisationen und Projekte, welche eine aktive Findung und Förderung von musikalisch Begabten betreiben.[21] So werden auch öffentliche Musik schulen und der renommierte Wettbewerb „Jugend Musiziert" mit öffentlichen Geldern finanziert (siehe 4.2 Musikschulen und 4.4 Beispiel „Jugend Musiziert"). Einen weiteren Schwerpunkt bildet die Förderung der deutschen Orchester. Einerseits sind hier die 130 deutschen Berufsorchester zu nennen, dessen Förderungen mit der zu erhaltenden Kultur begründet werden. Andererseits werden zahlreiche Jugendorchester gefördert, um

---

[19] Vgl. Bastian, H., Das Institut für Begabungsforschung und Begabtenförderung in der Musik, in: Bastian, H. (Hrsg.), Begabungsforschung und Begabtenförderung in der Musik, Dokumentation eines nationalen Symposiums, Mainz 1993, S. 14.
[20] http://www.bundesregierung.de/Webs/Breg/DE/Bundesregierung/BeauftragtefuerKulturundMedien/ kultur/kunstKulturfoerderung/foerderbereiche/musikfoerderung/_node.html, o. V., Musik, entnommen am 08.02.2015.
[21] Vgl. ebd.

musikalisch besonders begabte Jugendliche zu fördern. Die Jugendlichen sollen sich so musikalisch noch weiter entwickeln können.[22]

Zunächst wird so deutlich, dass sich Leistungen in der Musik stark unterscheiden können. Musikschulen verdeutlichen, dass eine musikalische Begabung erlernbar ist oder die Ausprägung einer angeborenen Begabung nicht ohne weiteres, beziehungsweise nur durch Unterricht, möglich sei. Wettbewerbe und Jugendorchester zeigen, dass ein Ansporn die Leistungen beeinflusst, die Motivation als Umweltfaktor eine musikalische Begabung also erweitert oder begünstigt.

4.2 MUSIKSCHULEN

Musikschulen verstehen sich als Einrichtungen zur Förderung musikalischer Begabungen. Sie dienen primär als Institution zum Erlernen von Musikinstrumenten. Weiterhin wird aber auch Gesangsunterricht erteilt Der Bereich der Findung von musikalisch begabten Schülerinnen und Schülern ist hier simpel: Wer eine Musikschule überhaupt langfristig besucht, hat grundsätzlich eine musikalische Begabung und möchte diese in Leistung umsetzen oder ist dabei, sich eine musikalische Begabung anzueignen (eine musikalische Begabung sei in dem Fall also komplett erlernbar). Doch da es das oberste Ziel einer Musikschule ist, musikalische Begabungen zu fördern, wird versucht herauszufinden, wie musikalisch die Schülerinnen und Schüler im Einzelnen sind, beziehungsweise durch den Unterricht geworden sind. Dabei können auch musikalische Hoch- und Höchstbegabungen auftreten (siehe 2.1 Der Versuch einer Definition). Neben der ständigen musikalischen Weiterentwicklung durch den Unterricht wird in solchen Fällen beispielsweise die Mitgliedschaft in Jugendorchestern vermittelt, zur Teilnahme an Wettbewerben wie „Jugend Musiziert" motiviert (siehe 4.4 Beispiel „Jugend Musiziert") oder zu speziellen Weiterbildungsmaßnahmen geraten.

Musikschulen zeigen deutlich, dass eine musikalische Begabung etwas mit lernen zu tun hat. Entweder ist eine musikalische Begabung also erlernbar oder zur Ausprägung einer angeborenen Begabung braucht es entsprechenden Unterricht. Weiterhin besucht man eine Musikschule absolut freiwillig und ergänzend zu einer Hauptbeschäftigung (bei Schülern also neben der allgemeinbildenden Schule), die persönlichen Interessen sind bei

---

[22] Vgl. Eckhardt, A., Begabtenförderung aus der Sicht des deutschen Musikrates: Erfahrungen und Perspektiven, in: Bastian, H. (Hrsg.), Begabungsforschung und Begabtenförderung in der Musik, S. 58-59.

einer musikalischen Begabung also ebenfalls essentiell. Auch wird deutlich, dass ein persönliches Ziel und die Motivation signifikant sind.

4.3 MUSIKUNTERRICHT AN ALLGEMEINBILDENDEN SCHULEN

> „Die Bundesregierung hält es für geboten, jedem einzelnen durch ein differenziertes Bildungs- und Ausbildungsangebot sowie ergänzende Förderungsmaßnahmen die volle Ausprägung seines Begabungsprofils zu ermöglichen. Auch der besonders Begabte soll um seiner selbst willen gefördert werden. Die volle Entfaltung von besonderen Fähigkeiten, Neigungen und Leistungsvermögen bildet die Voraussetzung für die Herausbildung der Gesamtpersönlichkeit."[23]

Grundsätzlich ist das deutsche Schulsystem nicht auf Begabung, sondern auf Leistung ausgelegt. Dennoch findet eine (Hoch-)*Begabten*förderung, zum Teil unabhängig der Leistungen, also unabhängig der Schulnoten, bedingt statt. Die Schwierigkeit (beispielsweise im Vergleich zur Musikschule, siehe 4.2 Musikschulen) besteht darin, dass an allgemeinbildenden Schulen relativ große Gruppen unterrichtet werden, also nicht individuell auf jeden Schüler eingegangen werden kann. Weiterhin ist das Ziel einer allgemeinbildenden Schule ein völlig anderes als das einer Musikschule: Während Musikschulen primär musikalische Begabungen fördern sollen, ist das oberste Ziel einer allgemeinbildenden Schule das Erreichen eines vorher festgelegten Ziels, beziehungsweise dass die Schüler einen entsprechenden Abschluss erreichen. Die individuelle Förderung kann aus dem Einteilen der Schüler in Kurse verschiedener Niveaus, aus der Empfehlung von externen Weiterbildungsmaßnahmen oder der Empfehlung eines Schulwechsels bestehen. Letzteres stellt jedoch ein weiteres Problem dar: Oft muss bei der Wahl der Schule zwischen Hauptschule, Realschule und Gymnasium entschieden werden, wobei hier Begabungen, welche lediglich in wenigen bestimmten Bereichen (beispielsweise einer Begabung im Bereich Musik) nicht berücksichtigt werden können, sondern nach einer allgemeinen intellektuellen Fähigkeit entschieden werden muss.

An den begabungsfördernden Maßnahmen im Bereich Musik an allgemeinbildenden Schulen wird besonders deutlich, dass Begabung und Leistung nicht definitionsidentisch sind und auch nicht immer parallel verlaufen. Trotz in hohem Maße vorhandener Begabung kann es vorkommen, dass die geforderte Leistung nicht erbracht wird.

---

[23] Giese, E., Begabungsforschung als bildungspolitische Aufgabe, in: Bastian, H., Begabungsforschung und Begabtenförderung in der Musik, S. 39.

14

4.4 BEISPIEL „JUGEND MUSIZIERT"

„Jugend Musiziert" ist ein seit 1964 ausgetragener Wettbewerb für instrumental oder vokal tätige Kinder und Jugendliche bis zum Alter von 21 oder in den Gesangskategorien 27 Jahren. Auf Regional-, Länder- und Bundesebene werden jährlich die Teilnehmer mit bis zu 25 Punkten bewertet. Gefordert werden stets Werke verschiedener Epochen. Es wird die erbrachte Leistung bewertet, wobei hier neben der technischen Umsetzung auch auf die stilistisch-musikalische Umsetzung geachtet wird. Das ursprüngliche Ziel des Wettbewerbes war es, den potentiellen Nachwuchs der deutschen Kulturorchester zu sichern. Heute fungiert „Jugend Musiziert" als reine Fördermaßnahme. Dabei soll eine „künstlerische Standortbestimmung"[24] vorgenommen werden. Weiterhin soll der Wettbewerb Motivation und Herausforderung sein und Erfolgserlebnisse vermitteln. Oft bietet der Wettbewerb den Teilnehmern die einmalige Gelegenheit beispielsweise Solowerke mit Klavierbegleitung oder ein Kammermusikalisches Repertoire einzustudieren und aufzuführen.[25]

Doch ist ein Wettbewerb, gerade in dieser Form, wirklich fördernd oder ist es sogar unmusikalisch den Kindern und Jugendlichen eine genaue Punktzahl auf Grundlage eines Vortrags von maximal 20 Minuten Länge zu geben? Oft wird sehr viel Wert auf den Wettbewerb sowie die entsprechende Bewertung gelegt und so viel von dem Wettbewerb abhängig gemacht. In nicht seltenen Fällen geht es den Teilnehmern nur darum, zu dem nächst höheren Wettbewerb zugelassen zu werden. „Jugend kämpft"[26], so die Bezeichnung Hans Günter Bastians, welche auch den Konkurrenzgedanken der Teilnehmer, aber auch der Eltern und Lehrer kritisch wiederspiegeln soll.

> „Bei der Preisverleihung fingen […] viele an zu weinen und waren vollkommen außer sich. Man hatte das Gefühl, eine kleine Welt bricht zusammen. […] Wie die Eltern mit ihren Kindern gesprochen haben, […] das war absolut schrecklich, dieser Leistungsdruck auf die Kinder. Es haben Kinder Preise bekommen, und die Eltern machten Kommentare, daß [sic] es eben noch bessere Preise gibt."[27]

---

[24] http://www.jugend-musiziert.org/jugend-musiziert.html, o. V., Der Wettbewerb „Jugend Musiziert", entnommen am 14.02.2015.
[25] Vgl. ebd.
[26] Bastian, H., Jugend Musiziert, Der Wettbewerb in der Sicht von Teilnehmern und Verantwortlichen, Mainz 1987, S. 34.
[27] *Ein Teilnehmer äußert sich in einer Studie des Autoren.* Nach: ebd. S. 34 – 35.

15

„Jugend Musiziert" ist kein Wettbewerb, aus dem nur ein einzelner Gewinner hervorgeht, die Punktzahlen der Teilnehmer werden individuell ermittelt, sodass auch beispielsweise zwei Teilnehmer der gleichen Kategorie eine Weiterleitung (ab 23 Punkten) erhalten können. Dennoch werden andere Teilnehmer oft als Konkurrenz angesehen. Die Eltern und Lehrer unterstützen und teilen diese Gedanken oft. Außerdem sei die erbrachte Leistung eine persönliche Interpretation und somit nicht bewertbar. Aus diesen Problematiken wird oft geschlossen, dass sich die Musik nicht zum Wettbewerb eigne.[28] Doch der Wettbewerb übt mit Lampenfieber und Vorspielangst fertig zu werden. Dies ist gerade wichtig, wenn der Teilnehmer Musik als möglichen zukünftigen Beruf sieht. Und in dem Fall ist die Musik als Wettbewerb, auch wenn dies noch so unmusikalisch sei, genau richtig: Sei es die Aufnahmeprüfung zum Musikstudium, welche an einigen Musikhochschulen nur beispielsweise jeder zehnte besteht oder sei es eine freie Stelle im Berufsorchester, für die sich teilweise über 150 Musiker bewerben. Andersherum hilft der Wettbewerb die eigene Persönlichkeit zu finden und zu bestätigen. Beispielsweise wird einigen Teilnehmern durch den Wettbewerb klar, dass sie Musik als Beruf ausüben wollen.[29]

An dem Beispiel „Jugend Musiziert" wird in Bezug auf eine musikalische Begabung erneut deutlich, dass die Motivation eine Rolle spielt. Besonders deutlich wird jedoch, dass sich die individuellen Maximalleistungen zwischen den Teilnehmern unterscheiden und dass eine musikalische Begabung mit Übung und Erfahrung, nicht nur im Umgang mit dem Instrument oder der Stimme, verbunden ist.

5. SCHLUSS

„Auch nach fast fünfhundert Seiten weiß der Leser noch nicht, was ‚Musikalität' eigentlich ist, und er ist versucht, […] auszurufen: ‚In mir ist alles Chaos'."[30]

An diesem Zitat wird die Problematik des Themas „musikalische Begabung" sehr deutlich: „Begabung" ist ein sehr abstrakter Begriff ohne allgemeingültige Definition.

---

[28] Bastian, H., Jugend Musiziert, S. 34 – 37.
[29] Vgl. Rohlfs, E., Was leistet „Jugend musiziert" zur Begabtenfindung und –förderung?, Möglichkeiten und Grenzen, in: Bastian, H., Begabungsforschung und Begabtenförderung in der Musik, S. 60 -65.
[30] *Feststellung aus einer Rezension der Frankfurter Allgemeinen Zeitung vom 01.10.1999.* Nach: Kraemer, R., S. 298.

Dennoch wird dieser Begriff alltäglich fast selbstverständlich verwendet. Bei einer näheren Betrachtung vermischen sich schnell Begrifflichkeiten wie *Begabung, Talent, Fähigkeiten, Intelligenz* oder *Leistung*. Teilweise wird die Begabung schon als angeboren definiert, teilweise auch lediglich als allgemeine Befähigung zu einer Leistung. Manchmal wird die Begabung als fächerspezifisch angesehen, manchmal nicht. Wichtige Faktoren im Zusammenhang mit Musikalität sind Motivation und auch das Lernen, was jedoch nicht direkt bedeutet, dass eine musikalische Begabung erlernbar ist. Motivation und Lernen sind Bestandteile einer Förderung, diese spielt ebenfalls eine große Rolle. Damit verbunden ist auch der Einfluss persönlicher Interessen und einer persönlichen Zielsetzung. Eine musikalische Begabung wird durch die Umwelt beeinflusst. Zu beobachten sind auch Zusammenhänge mit der Familie und den jeweiligen Vorfahren. Weiterhin liegt eine musikalische Begabung stets in einem individuellen Maße vor.

Wie in der Einleitung erläutert, kann es sich bei dieser Arbeit nur um eine Annäherung an die Fragestellung handeln, weshalb ich mein Arbeitsziel als insgesamt erreicht ansehe. Ich kam zu der Erkenntnis, dass eine musikalische Begabung nicht ausschließlich angeboren oder erlernbar ist. Wer keinen charakteristischen Bezug zur Musik hat, wird auch nicht lernen, musikalisch zu sein, beziehungsweise ein Instrument zu spielen. Andersherum ist es auch nicht möglich ohne vorhergehendes Lernen ein Instrument zu spielen. Sehr wohl fällt das Erlernen eines Instruments nicht jedem gleich schwer. **Eine musikalische Begabung ist etwas Angeborenes oder sie geht daraus hervor. Bedingung der Ausprägung ist jedoch das gezielte Lernen.** Damit bestätigt sich auch meine Ausgangshypothese nur bedingt. Zwar gibt es tatsächlich keine eindeutige Antwort, aber es ist nicht beides möglich. Eine musikalische Begabung kann nicht erlernt werden ohne dass eine natürlich Anlage dazu vorhanden ist und sie kann sich ohne entsprechendes Lernen nicht in Form von Leistung zeigen. Vielmehr ist es die Kombination von beidem.

Viele der erforschten Ergebnisse in den Kapiteln 3. „Die Begabung im Bereich Musik" und 4. „Findung und Förderung musikalischer Begabungen" sind Schlussfolgerungen der dargestellten Fakten. Diese Ergebnisse kann man den in 2.2 „Begabungsmodelle als wissenschaftliche Herangehensweise" dargestellten Begabungsmodellen zuordnen. So stimme ich grundlegend dem Münchener Hochbegabungsmodell von Kurt Heller (siehe 2.2.3 Das Münchener Hochbegabungsmodell) zu, da sich die erforschten Faktoren wie Motivation, Persönlichkeitsmerkmale oder Umwelt hier deutlich wiederspiegeln. Weiterhin wird die Musikalität hier einzeln betrachtet und meiner Auffassung nach wirkt sich eine Begabung nicht allgemein, sondern fächerspezifisch aus. Renzulli und Moenks haben mit ihren Modellen (siehe 2.2.1 Das Drei-Ringe-Begabungsmodell und 2.2.2 Das triadische Interdependenzmodell) sicherlich nicht unrecht, sie betrachten die Fakten lediglich aus einem anderen Blickwinkel.

Schließlich stellt sich die Frage, ob die Ausgangsfrage über die Schwierigkeiten einer Definition hinaus wissenschaftlich geklärt werden kann oder ob es sich immer nur um eine Annäherung handeln kann. Ist es möglich so abstrakte Begriffe wie die „musikalische Begabung" oder die „Musikalität" wissenschaftlich zu erklären? Ich denke nicht.

6. QUELLEN- UND LITERATURVERZEICHNIS

LITERATUR:

Bastian, H., Begabungsforschung und Begabtenförderung in der Musik, Dokumentation eines nationalen Symposiums, Mainz 1993.
Bastian, H., Jugend Musiziert, Der Wettbewerb in der Sicht von Teilnehmern und Verantwortlichen, Mainz 1987.
Brockhaus A – Z Wissen, Band 1 A – BLAK, Gütersloh 2010.
Heller, K., Talentförderung - Expertise - Leistungsexzellenz, Band 2, Münster 2008.
Kraemer, R., Musikpädagogik, eine Einführung in das Studium, Augsburg 2004.

INTERNETQUELLEN:

http://www.bildung-und-begabung.de/begabungslotse/informationen-fuer-lehrer-eltern-schueler/muetter-und-vaeter/was-ist-begabung, Völmicke, E., Was ist Begabung?, entnommen am 17.01.2015.
http://www.bundesregierung.de/Webs/Breg/DE/Bundesregierung/BeauftragtefuerKultur undMedien/kultur/kunstKulturfoerderung/foerderbereiche/musikfoerderung/_node .html, o. V., Musik, entnommen am 08.02.2015.
http://www.duden.de/rechtschreibung/Begabung, entnommen am 17.01.2015.
http://www.duden.de/rechtschreibung/Intelligenz, entnommen am 17.01.2015.
http://www.epr.ch/bre/begabung/informationen_zum_thema/index.html, Brunner, E. Begabungs- und Leistungsmodelle, entnommen am 17.01.2015.
http://www.hochbegabtenhilfe.de/Begabungsmodelle.html, Eckerle, T., „Modelle der Hochbegabung" - Systematisierung von Randbedingungen für die resultierende Leistungsfähigkeit, entnommen am 17.01.2015.
http://www.jugend-musiziert.org/jugend-musiziert.html, o. V., Der Wettbewerb „Jugend Musiziert", entnommen am 14.02.2015.

BILDQUELLEN:

Heller, K., Talentförderung - Expertise - Leistungsexzellenz, Band 2, Münster 2008, S. 67.
http://cdn.grin.com/images/preview-file?document_id=141312&hash=007507b5c9dca756558b4d7671a4b6d9&file=O PS/Images/image003.jpg, entnommen am 17.01.2015.
http://edocs.ub.uni-frankfurt.de/volltexte/2003/7902738/, entnommen am 07.02.2015.
http://www.epr.ch/bre/begabung/informationen_zum_thema/index.html, entnommen am 17.01.2015.
http://www.jugend-musiziert.org/, entnommen am 16.01.2015. (Deckblatt)